50 FORMAS FÁCILES DE SOBREVIVIR EN EL MINISTERIO CON LA ADOLESCENCIA TEMPRANA

MARK OESTREICHER

¡AYÚDENME!
LIDERO ADOLESCENTES
DE 12 A 15

La misión de Editorial Vida es ser la compañía líder en satisfacer las necesidades de las personas, con recursos cuyo contenido glorifique al Señor Jesucristo y promueva principios bíblicos.

¡AYÚDENME! LIDERO ADOLESCENTES DE 12 A 15
Edición en español publicada por
Editorial Vida – 2012
Miami, Florida

Rediseñado 2012
Este título también está disponible en formato electrónico.

© 2005 por Youth Specialties

Originally published in the USA under the title:
Help! I`m a Junior High Youth Worker!
Copyright © 1996 by Youth Specialties
Published by permission of Zondervan, Grand Rapids, Michigan, 49530.
All rights reserved

Further reproduction or distribution is prohibited.

Traducción: *Valeria Leys*
Edición: *Silvia Himitian*
Diseño interior: *Luvagraphics*

RESERVADOS TODOS LOS DERECHOS. A MENOS QUE SE INDIQUE LO CONTRARIO, EL TEXTO BÍBLICO SE TOMÓ DE LA SANTA BIBLIA NUEVA VERSIÓN INTERNACIONAL. © 1999 POR BÍBLICA INTERNACIONAL.

ISBN: 978-0-8297-6393-5

CATEGORÍA: Ministerio Cristiano/Juventud

IMPRESO EN ESTADOS UNIDOS DE AMÉRICA
PRINTED IN THE UNITED STATES OF AMERICA

12 13 14 15 16 ❖ 6 5 4 3 2 1

DEDICATORIA

Dedico este libro a los voluntarios del trabajo entre adolescentes de 12 a 15 años que han colaborado conmigo en la Iglesia Presbiteriana Ward de Livonia, Michigan; en la Primera Iglesia Bautista de Wheaton, Illinois; en la Iglesia de la Comunidad de Cristo de Omaha, Nebraska; en la Iglesia del Calvario de Santa Ana, California; y en la Iglesia Congregacional de Lake Avenue de Pasadena, California.

INTRODUCCIÓN 9

PRIMERO LO PRIMERO 11
Tres axiomas que definen nuestro territorio

¿CÓMO ES UN ADOLESCENTE DE 12 A 15 AÑOS? 13
La esencia de la adolescencia temprana

CONSIDEREMOS LOS ASPECTOS DE LA MADUREZ 27
Cambios que se dan en los adolescentes más jóvenes y que ellos sufren o disfrutan

TIEMPO DE ENSEÑAR 39
Una dosis de pedagogía

LA FE FUERA DEL SALÓN DE REUNIONES 55
Disciplinas espirituales para adolescentes de entre 12 y 15 años

AHORA QUE ESTAMOS A CARGO 59
Algunas perspectivas sobre el ministerio juvenil para aquellos que planean y dirigen los programas (sea gratuitamente o como obreros sostenidos por la iglesia)

RECONOCIMIENTOS

Agradezco a: Curt Gibson (el gurú de las historias de terror), Derrick Riggs, Greg Lafferty, Eric Venable, Kara Eckmann, y Jeff Meyers, todos ellos colegas en el ministerio entre adolescentes de 12 a 15 años y los que me han provisto sugerencias, historias y citas. Y a Jeannie, Liesl y Max por permitirme el espacio de tiempo para escribir.

INTRODUCCIÓN

LOS LÍDERES DE ADOLESCENTES ENTRE 12 Y 15 AÑOS SON LAS MEJORES PERSONAS QUE EXISTEN SOBRE LA FAZ DE LA TIERRA. O al menos es lo que yo pienso. Pero el trabajo con los adolescentes más jóvenes puede llegar a convertirse en un vertiginoso viaje dentro de un territorio desconocido.

Mantengamos la fe como líderes de esta gente tan abierta a todo tipo de impresiones. Nuestra labor con ellos nos hará sentir satisfechos en ocasiones (no siempre, es cierto) y en otras nos parecerá del todo inútil. Pero recordemos que se trata de un regalo de Dios ya que implica una fuerte inversión con miras al futuro.

Dios hace cosas tremendas a través de los adolescentes más jóvenes. No necesitan esperar a convertirse en mayores para ser usados por él. El Señor desea obrar profundamente en ellos y a través de ellos ahora para la extensión de su reino. Y estamos agradecidos a todos los que intervienen en ese proceso.

Este pequeño libro intenta ofrecer ideas, aliento y una nueva perspectiva del ministerio dirigido a la adolescencia temprana. Tiene que ver con aquellos detalles de la vida cotidiana, que no dejan de ser profundos, y con los que uno debe enfrentarse cada vez que entra al salón donde se reúnen estos jovencitos: qué significa hoy ser un adolescente de entre 12 y 15 años, qué los diferencia de los adolescentes mayores, qué implica el trabajo con estos adolescentes más jóvenes, de qué son capaces y de qué no, cómo establecer una buena conexión al enseñarles y cómo hacerlo cuando uno simplemente comparte un tiempo ocasional con ellos.

El capítulo seis resulta especialmente indicado para aquellos que son líderes de adolescentes de entre 12 y 15 años.

Aquí y allá, en los márgenes de *¡Ayúdenme! Lidero adolescentes de 12 a 15*, irán encontrando expresiones reales, vertidas tanto por los adolescentes como por expertos en el trabajo enfocado en la adolescencia temprana. También he incluido algunas historias terroríficas solo para recordarles que no son los únicos que en determinado momento del ministerio con los adolescentes se sienten pésimo y tendrían ganas de desparecer de la escena para nunca más volver.

¡Que Dios nos bendiga al ministrar a los adolescentes de entre 12 y 15 años!

TRES AXIOMAS QUE DEFINEN NUESTRO TERRITORIO

PRIMERO LO PRIMERO

Axioma 1: *Los adolescentes de entre 12 y 15 años quieren ser tratados como adultos sin perder la posibilidad de actuar como niños.*

Están en una etapa intermedia. Ya no son niños, aunque a menudo se comportan como tales. Y en realidad todavía no son adultos, pero pretenden serlo. El poder aceptar y convivir con esta dicotomía vuelve el trabajo con los adolescentes más jóvenes mucho más fácil.

> *Mis padres son como mosquitos: poco a poco me succionan hasta dejarme seco.*

Axioma 2: *La calidad del ministerio entre los adolescentes más jóvenes siempre se produce dentro de un contexto de relaciones significativas que proveen la oportunidad de llevar a cabo un ministerio eficaz.*

— NATANAEL, 13 AÑOS

Los adolescentes no se transforman en gigantes espirituales a través de excelentes charlas. Los jóvenes crecen espiritualmente cuando ven a Cristo actuar en la vida del líder y entonces lo pueden tomar como modelo. También crecen espiritualmente cuando se les da la oportunidad de ministrar y participar dentro de la iglesia. Concentremos nuestros esfuerzos en mostrar a Cristo a través de nuestras vidas y en conducir a los adolescentes a ejercitarse en el ministerio.

Axioma 3: *El elemento imprescindible en cada reunión, evento o programa es que el líder sepa por qué hace las cosas.*

Cuando el ministerio dirigido a los adolescentes de entre 12 y 15 años no tiene un propósito definido, apenas si se diferencia de la atención que una niñera brinda a los pequeños. Cuando no se cuenta con un propósito específico, nada de lo que se realiza resulta excelente.

La esencia de la adolescencia temprana

¿Cómo es un adolescente de 12 a 15 años?

Reglas de Oro:

Mantener la atmósfera de las reuniones de los adolescentes más jóvenes en un punto de equilibrio entre la morgue y la euforia total es el desafío constante que enfrenta este ministerio. Con los años he llegado a desarrollar un puñado de reglas esenciales para conducir con éxito una reunión de adolescentes de entre 12 y 15 años:

- No permitir que se entremetan con otras personas o con sus pertenencias.

- No dejar que hablen cuando otros hablan.

- No permitir que se burlen de otros ni que los llamen con apodos ofensivos.

- No aceptar que las hojas de trabajo, apuntes o materiales se conviertan en avioncitos, papel picado o papeles llenos de garabatos.

Amo a Dios. Él es mi persona favorita y mi mejor amigo.

— Laura, 13 años

- Hacerles saber que el lanzamiento de proyectiles en general (sean papeles o cualquier otra cosa) se verá penalizado con «la muerte». (Obviamente, el castigo será mucho menor, pero vale la pena especificar que resultará severo).

Para más información sobre cómo reforzar las reglas, remitirse a **La palabra disciplina es un término feliz**, en la página 24.

Cien contra uno: No funciona

Decir que los grupos pequeños resultan lo más adecuado para ministrar a los adolescentes de esta edad es como señalar que la nieve es importante para el invierno. (Ver **Lo pequeño resulta bueno** en la página 19). Los preadolescentes interactúan en grupos pequeños, a diferencia de los adolescentes mayores. Algunos temas como la autoimagen, la disciplina o cuestiones de género pueden desviar el tratamiento de un tópico y derivarlo en cualquier dirección.

El método de prueba/error me permitió definir dos modelos en cuanto a la proporción entre estudiantes y líderes, en el caso de tener grupos chicos de adolescentes menores: 6x1 y 10x2. Un líder adulto puede conducir eficazmente un grupo de más o menos seis adolescentes. Si el grupo supera los seis integrantes, es mejor contar con al menos dos líderes. El modelo que según mi opinión resulta más adecuado es de dos líderes adultos por cada diez adolescentes menores. Así, mientras uno de los líderes enseña, el otro controla el orden y brinda apoyo. Además, no necesitarán contar con substitutos; un líder puede cubrir al otro cada vez que resulte necesario.

Una mención final: los grupos pequeños de adolescentes de entre 12 y 15 años *en general* funcionan mejor cuando al menos durante parte del tiempo están constituidos por chicos de un mismo sexo.

¡Me encanta el almuerzo porque es una fiesta total de calorías!

— SONIA, 13 AÑOS

¡POR FAVOR! ¿NO QUISIERAS TRABAJAR CON ADOLESCENTES DE 12 A 15 AÑOS?

En el intento por reclutar voluntarios para colaborar con el ministerio de los adolescentes más jóvenes nos toparemos con muchos escépticos, la mayoría de los cuales entra en una de las siguientes tres categorías:

- Personas que detestaban sus años de temprana adolescencia y no quisieran volver a vivirlos otra vez, y sufrirlos de nuevo.

- Personas que presuponen falsamente que los adolescentes nunca los aceptarán y que se sienten amedrentados ante la posibilidad de rechazo por parte de los adolescentes.

- Personas que suponen que solo otros jóvenes, alocados, con talentos musicales, con mucha onda, divertidos y conocedores de todo lo que aparece en los medios podrían tener éxito en el trabajo con los adolescentes de 12 a 15 años.

Debemos ayudar a los posibles candidatos a líderes a superar estas tres objeciones y luego podremos irnos a casa tranquilos y libres (casi).

Los de sexto grado

En muchas escuelas del estado se ha realizado una redistribución que incluye al sexto grado en el mismo grupo que el séptimo y el octavo. Por esta razón las iglesias también decidieron reacomodarse a la nueva agrupación por edades.

Aquellos que no estábamos acostumbrados a una adolescencia tan incipiente, indudablemente los veíamos como demasiado chicos, tanto en tamaño como en edad (porque en realidad lo son). Durante algunos años me resistí a la idea de agregar a los de sexto grado a mi grupo de adolescentes. Pero también era consciente de que en la mayoría de las iglesias los líderes tendían a desestimar las necesidades de este grupo, aburriéndolos con material y actividades que correspondían a niños más pequeños y tratándolos como si lo fueran. Dejaban de lado el hecho de que la mayoría de los chicos de sexto grado ya están dando sus primeros pasos hacia la adolescencia.

Ahora, después de varios años de trabajar con adolescentes dentro del ministerio juvenil, disfruto incluyéndolos. Contamos con al menos tres buenas opciones que permiten que nuestro trabajo resulte eficaz con estos adolescentes más jóvenes:

¿Podrías, por favor, no vomitar mientras predico? Era el tercer día de los seis que duraba el campamento cuando empezó el problema con uno de los chicos. La enfermera del campamento pensó que se trataba de una gripe. Al caer la tarde, ya había tres más en la enfermería con los mismos síntomas. El cuarto día por la mañana, la enfermería, que contaba con una capacidad máxima de cuatro personas, estaba atendiendo un número de doce, entre jóvenes y líderes, ubicados en colchones sobre el piso. Ellos se entretenían realizando un concurso de vómitos, y reían, en medio de su debilidad, cada vez que alguno tenía que hacer una incursión por el baño. Al caer la cuarta noche, se desató el infierno. No podíamos llevar a cabo una reunión sin que los adolescentes y líderes anduvieran vomitando por los pasillos. El alojamiento en las cabañas se volvió un descontrol cuando los adolescentes comenzaron a mudarse hacia aquellos lugares que a su criterio tenían la menor cantidad de vomitadores. Tratar de organizar las comidas, como podrán imaginar, resultó una completa pérdida de tiempo. El doctor que realizó la visita médica diagnosticó que se trataba de «un virus menor». Ahí nomás dimos por terminado el campamento. Los campistas y consejeros recuerdan aquella semana como el «campamento del vómito».

— Mark Oestreicher

- Podemos conformar un grupo de preadolescentes de quinto y sexto grado. Pero trabajar con ellos en una modalidad semejante al ministerio de jóvenes, en contraposición a los programas de Escuela Dominical para niños, creando un material apropiado para la edad y requiriendo un alto grado de participación por parte de los padres.

- Podemos pedir que los chicos de sexto grado sean incorporados al ministerio de adolescentes más jóvenes, pero al mismo tiempo trabajar por separado la mayor parte de las actividades y proveerles un ámbito diferenciado.

- Si dentro de un mismo grupo ya están integrados los de sexto (11 años) con los de séptimo y octavo (13-14 años), se los puede subdividir en grupos incluyentes de cada una de las edades para poder considerar por separado los temas más delicados.

Nadie en la escuela me aprecia porque soy muy bajita.

— Cristina, 12 años

Disparar una flecha

A través de la habilidad recién adquirida del pensamiento abstracto (ver **Desarrollo Cognitivo** en la página 31), los adolescentes de entre 12 y 15 años pueden desarrollar ciertas concepciones acerca de su futuro.

Por eso es bueno llevarlos a pensar en el futuro. Ya que Dios nos da la oportunidad de percibir algunos puntos fuertes que comienzan a despuntar en los diferentes adolescentes, lancemos una flecha por ellos, o sea, ayudémosles a imaginar cómo podría ser su futuro. Estamos en condiciones privilegiadas para ejercer una influencia que marque la vida de los adolescentes.

Un ejemplo pertinente: el pastor de jóvenes de mi temprana adolescencia, a quien yo admiraba, sugirió que algún día yo me convertiría en un pastor de jóvenes. Él lanzó una flecha por mí.

Una sugerencia positiva

Nuestras palabras pueden resultar poderosas para reafirmar a los adoles-centes. Tal vez nos cuestionemos la veracidad de esta declaración cuando en el medio de nuestra charla se duermen profundamente mientras la baba les mancha el frente de la camisa. Pero es verdadera.

Estas cuatro sílabas constituyen un poderoso recordatorio de que debemos usar el poder de la palabra ES-TÍ-MU-LO. Apuntan hacia un ministerio muy importante. Elijamos estimular y alentar a nuestros jóvenes. Hagámoslo siempre que podamos. Dediquémonos a brindar palabras de estímulo tanto a aquellos que son molestos como a los que nos caen más simpáticos.

Decirle a una chica común que se ve muy linda puede cambiar todo su mundo. Comentarle a un adolescente pequeño y desmañado que realmente apreciamos que siempre llegue con puntualidad puede hacer que se sienta animado durante un buen tiempo.

Elogiemos el carácter. Elogiemos el comportamiento. Elogiemos la ropa que usan. Estimulémoslos por cualquier esfuerzo extra que realicen. No importa tanto el motivo por el que los elogiemos, sino el hecho de que siempre encontremos alguna razón para hacerlo. Reconocer las virtudes y los valores de los chicos nos ganará el derecho a ser escuchado por ellos, y eso aumentará directa o indirectamente la eficacia de nuestro ministerio.

Mi escuela es buena, pero como solo concurren mujeres, es puro chisme, ropa y pasteles.

— MÓNICA, 13 AÑOS

Lo pequeño resulta bueno

Si tu grupo de adolescentes es pequeño, no te sientas mal por ello. Nuestra cultura eclesiástica ha creado en nosotros expectativas en las que se considera a lo numeroso como mejor o más deseable. Esto simplemente no coincide con la realidad.

Las ventajas que proporcionan los grupos más pequeños se podrían resumir en tres palabras: intimidad, movilidad y flexibilidad. Los grupos pequeños siempre permiten un mejor conocimiento entre unos y otros, y dan sentido de familia. Extraño todo eso cuando me toca trabajar con grupos más grandes. Cuando el grupo es pequeño, podemos meter a todos en dos autos y llevar a cabo la clase de Escuela Dominical en una confitería (o en cualquier otro lugar). Siempre nos hallamos en condiciones de partir, sin necesidad de preparativos previos.

¡Bienvenido al #@&*, pastor!

La reunión de los preadolescentes para pasar toda la noche iba a resultar tremenda. Era nuestra primera fiesta de pijamas en el salón nuevo, al que llamábamos «la casa de los adolescentes más jóvenes» y estaba ubicado junto a la iglesia. El pastor principal tenía un hijo de esta edad que había decidido participar del evento, así que yo estaba ansioso por causarles una buena impresión tanto al padre como al hijo.

Temprano durante ese día había recorrido los pasillos del videoclub en busca de la película perfecta para proyectar aquella noche. Elegí una que ya había visto algún tiempo atrás, y estaba bastante seguro de que era sana. La primera parte de la noche transcurrió tranquilamente, sin nada por lo que preocuparse, pero sin trazas de la aparición del hijo del pastor. En realidad, me había olvidado de él durante la mayor parte de la velada. Finalmente, a mitad de la proyección de la película, apareció. Emocionado, me abrí camino hacia el fondo del salón, que desbordaba de adolescentes en sus bolsas de dormir, para darle la bienvenida al joven, así como al pastor y a su esposa, que en ese momento entraban al salón.

Cuando extendí mi mano para estrechar la de mi pastor y saludarlo, el protagonista de la película lanzó una sarta de groserías de alto contenido profano.

Sonreí forzadamente y dije: «Bienvenidos a nuestra iglesia».

— MARK OESTREICHER

Además, resulta fácil ser flexibles. Cuando se produce algún cambio de último momento, no constituye un problema el tener que llamar para dar aviso a todos los padres.

Disfrutemos del ministerio que Dios nos ha dado (sea grande o pequeño) sin preocuparnos por sus dimensiones.

EL PEOR TERMÓMETRO DEL MUNDO PARA MEDIR LA AUTOESTIMA

La ruta más rápida para llegar a la clínica psiquiátrica de la ciudad es fundamentar nuestra autoestima en las relaciones que podamos establecer con los adolescentes, o en lo que ellos manifiestan con respecto a nosotros. Estos adolescentes le agregan una dimensión distinta a la idea de *inconstancia*. Si intentamos complacer cada sugerencia implícita o explícita que ellos nos hacen acerca de cómo reestructurar nuestra manera de ser o conducirnos, acabaríamos siendo una persona totalmente diferente cada semana.

De hecho, permitir que un adolescente nos rechace o desprecie de vez en cuando, forma nuestro carácter. Es como un pan de varios cereales para el alma: nos limpia por dentro.

Conocimiento del trasfondo familiar

Los adolescentes de 12 a 15 años nos dejan perplejos en más de una ocasión, por decir poco. Cuando creemos conocerlos, salen con algo que nos coloca de nuevo en el punto de partida.

Sin embargo, cuando analizamos sus actitudes dentro del contexto familiar en el que viven, generalmente esas actitudes comienzan a tener sentido.

Por esa razón necesitamos conocer a las familias de los jóvenes a los que ministramos. No solo porque eso nos lleva a obtener información que nos permite ministrar con mayor eficacia, sino porque también nos asegura el valioso apoyo de los padres.

> *Iba en el auto cuando me miré al espejo y de repente caí en la cuenta de que ¡soy igual a mi mamá!*

—Candela, 14 años

Las oportunidades de ampliar nuestro ministerio se nos presentarán a lo largo del camino, cuando llegamos a comprender que algunos adolescentes desconcertantes son en realidad un producto del medio ambiente en el que se han criado. Y podremos entenderlos mejor.

Como adolescente, yo fui un hombre lobo

Una de las mejores maneras de entender a los adolescentes de esta edad es recordar nuestros propios días de juventud.

ADVERTENCIA: Esto a veces puede resultar difícil. Deberíamos tener todo un cúmulo de recuerdos de nuestra adolescencia temprana, pero con frecuencia lo que encontramos es un recipiente vacío de memorias. ¿Por qué? En algunos casos porque hemos tenido ciertas experiencias desagradables en nuestra adolescencia temprana, y simplemente hemos bloqueado ese sector de nuestra memoria. Y en otros porque nuestra adolescencia ha sido un infierno que hemos preferido dejar en el pasado.

Proponemos algunas ideas para desenterrar estas memorias:

• Pongámonos en contacto con algunos de nuestros viejos amigos de la escuela y recordemos juntos. Si no es posible, concentrémonos en uno o dos de ellos y pensemos en las conversaciones que mantuvimos durante la adolescencia. Caminemos por los pasillos de la antigua escuela. (Con cuidado: las memorias pueden asaltarnos repentinamente a la vuelta de cualquier recodo).

La escuela es como una aspiradora: ¡te chupa!

—Nicolás, 14 años

• Busquemos fotos de los años de la adolescencia, fotos de grupos y, si los tenemos, carpetas o cuadernos, y algún comentario escrito por ex compañeros.

Esa palabra que empieza con E

Equilibrio. Suena bien. Entonces, ¿por qué generalmente cuando procuramos lograr el equilibrio acabamos sintiéndolo como un ejercicio frustrado? Solemos decirnos: «Buscar el equilibrio en el ministerio con los adolescentes de 12 a 15 es como procurar la santidad; no importa cuánto nos esforcemos por lograrla, no la alcanzamos completamente hasta llegar al cielo». De todas maneras sigo procurando alcanzarlo (lo mismo que a la santidad). Al igual que lo que sucede con un péndulo, parecemos lograr el equilibrio solo cuando pasamos por el punto del medio, al salir de una situación de desequilibrio para entrar en otra.

Todo esto lleva la intención de hacernos reflexionar: no permitamos que el ministerio con adolescentes de 12 a 15 años nos consuma la vida. Aunque deseemos profundamente dedicar nuestra vida a estos adolescentes, mantengamos nuestra salud espiritual y emocional delimitando fronteras y estableciendo límites.

Un amigo mío, que ha estado comprometido con el ministerio de los adolescentes entre 12 a 15 años durante casi veinte años, me dijo una vez: «Si eres capaz de llevar adelante un ministerio con adolescentes de entre 12 y 15 años, entonces puedes también conducir el mundo».

—Wayne Rice

- Definamos el máximo de noches que les dedicaremos por semana y mantengámonos dentro de esa decisión.

- Si somos pastores rentados de adolescentes de entre 12 y 15 años, señalemos un día libre por semana, y respetémoslo celosamente. Si somos estudiantes o tenemos un empleo secular y trabajamos con los adolescentes como voluntarios, delimitemos la línea divisoria entre la dedicación a nuestro trabajo o estudios y la atención a los adolescentes en horarios fuera de las reuniones en el templo.

- Dediquemos tiempo a nuestros amigos de la misma edad.

- Desarrollemos pasatiempos o actividades que a los adolescentes no les gusten.

- No procuremos suplir nuestra necesidad de amigos a través de relacionarnos con los adolescentes.
- Aprendamos a decir que no.

La palabra disciplina es un término feliz

En la mayoría de los manuales referidos al trabajo con los adolescentes jóvenes, el ministerio dirigido a la adolescencia temprana siempre se cruza con temas de disciplina. Esos dos aspectos han estado inseparablemente ligados, y siempre lo estarán. Sin embargo creo que ya es tiempo de reestructurar la deteriorada imagen de la disciplina.

La disciplina considerada como castigo puntual, con el propósito de mantener las cosas bajo control, produce reacciones y resulta negativa. Sin embargo, cambiar su imagen de reactiva a proactiva la transforma en un elemento positivo.

Para lograr una disciplina proactiva, establezcamos algunas reglas buenas y lógicas (si necesitamos ejemplos de esto, ver **Reglas de Oro** en la página 13). Luego debemos comunicárselas a los chicos, aun señalando que son locas, pero estableciendo con claridad las consecuencias que les acarreará el no cumplirlas. Elegir castigos sensatos y factibles de llevar a cabo.

Ahora hablemos del arte de la disciplina, de ese extraño y difícil balance que solo *cada uno* puede encontrar. Lo paradójico de la disciplina es que requiere flexibilidad sin que se aflojen las reglas.

Yo solo conozco a mi mamá; a mi papá no. Pero voy a darles una pista sobre la relación con mi madre: yo vivo con mis abuelos. Está bien, lo admito: mi mamá me pega.

—Ángel, 13 años

Digamos que hemos señalado con claridad nuestras expectativas y las hemos comunicado al grupo. Todos ahora saben que no se pueden arrojar papeles dentro del salón de reuniones de los jóvenes. Entonces, sin una razón válida aparente, Cristina hace una bola con la hoja de la lección (ese trabajo absolutamente fantástico en el que invertimos varias horas la noche anterior) y se lo lanza a David, sentado en la última fila. Sin lugar a dudas, Cristina merece enfrentar la «guillotina» de la disciplina. Las consecuencias que acarrean los actos como el llevado a cabo por Cristina ya han sido especificadas, y ella las conoce.

Pero ahora supongamos que en un momento de extremo entusiasmo, mientras todo el grupo de jóvenes se sube a los asientos para aplaudirnos de pie por la calidad de la charla que acabamos de exponer, Cristina inocentemente, celebrando, lanza sus papeles por el aire. Obviamente, hacemos la vista gorda y lo dejamos pasar.

Durante mi primer domingo con un nuevo grupo, enseñé en medio del zumbido de los avioncitos y los proyectiles hechos con las hojas de la lección que volaban por el salón. Inmediatamente después les comuniqué clara y firmemente la regla: A aquel que lance papeles se le pedirá que salga del salón y se siente en el pasillo. Algunos adolescentes quisieron poner a prueba la regla y comprobaron que en verdad se aplicaba. Los avioncitos de papel ya no fueron un problema después de aquel día.

> Amo a mis padres más que nada en este mundo. Mi papá no es cristiano, pero igual lo amo mucho. En realidad estoy agradecida por mis padres, ya que son un ejemplo para mí.

—MELISA, 13 AÑOS

Parece simple, ¿no? Pues no lo es. Sugerimos que en el pasillo estén uno o dos padres que los lleven a reflexionar a través de consejos y preguntas. Además, esto asegurará que los chicos no anden por ahí dando vueltas o que en lugar de concurrir a la siguiente reunión se vayan todos al McDonalds de la esquina.

CAMBIOS QUE SE DAN EN LOS ADOLESCENTES MÁS JÓVENES Y QUE ELLOS SUFREN O DISFRUTAN

CONSIDEREMOS LOS ASPECTOS DE LA MADUREZ

Desarrollo Cognitivo

Este es el mayor de los cambios relacionados con el desarrollo que se experimentan durante los primeros años de la adolescencia.

Los chicos cuentan con un privilegio nuevo al entrar a estos días agridulces de la adolescencia: el pensamiento abstracto, que aparece por primera vez en sus vidas. Este cambio cognitivo (o sea, el cambio que se produce en la manera de pensar de los chicos) afecta casi todas las áreas del crecimiento y el desarrollo. Imaginemos, por ejemplo, de qué modo esta adquisición del pensamiento abstracto afecta su percepción de Dios. En el período de la niñez, pensaban en Dios en términos concretos. Ahora, con una mayor variedad de elementos intelectuales en su haber, entre los que se incluye el pensamiento abstracto, los adolescentes de esta etapa temprana desarrollan nuevas maneras de percibir a Dios, la gracia, la salvación, las relaciones, el poder, las motivaciones, y todo lo demás. Es un cambio revolucionario.

La relación con nuestro hijo (de 13 años de edad) actualmente encierra una cierta cantidad de conflictos, así como el Océano Pacífico involucra una cierta cantidad de agua.

—Dave Barry

Pero, como si respondiesen a un músculo inactivo, las nuevas percepciones de la adolescencia temprana se encuentran en el lado flácido del cerebro. Los líderes de estos adolescentes pueden prestar una ayuda eficaz a sus alumnos en la ejercitación de este «músculo» a través de desafiar los razonamientos infantiles y elogiar su actitud de cuestionamiento con respecto a ellos. Permitámosles a los chicos el espacio para expresar sus dudas, y animemos a aquellos de los padres que se muestran ansiosos por valorar el proceso de duda por el que pasan sus hijos.

Por otro lado, no presupongamos que todos los adolescentes de esa edad se encuentran ya en la etapa del pensamiento abstracto. Los más grandes o los más maduros puede ser que lo estén logrando, pero posiblemente los más pequeños no.

En verdad creo que el más valioso y efectivo programa en una iglesia es tener un fuerte ministerio para los adolescentes entre 12 y 15 años. Por lo tanto, nuestros mayores esfuerzos y recursos necesitan ser dirigidos al propósito de realizar un buen trabajo con los chicos en esas edades.

—Doug Murren

La montaña rusa del amor

A medida que los adolescentes entre 12 y 15 años comienzan a adquirir el pensamiento abstracto, también empiezan a experimentar nuevas emociones (y también las antiguas emociones de maneras nuevas). Esto los lanza al período más altamente desordenado y cambiante de sus vidas.

En cierto momento, Ana dice: «¡Los odio a todos!», y al siguiente minuto declara efusivamente: «¡Jennifer es la mejor amiga del mundo!». El amor y el odio adquieren una nueva profundidad. La empatía es en verdad posible.

Por ejemplo, la experiencia de una ruptura sentimental resulta para un adolescente tan real como para un adulto, aunque su respuesta sea más madura ante un sufrimiento semejante. A pesar de que los adultos a veces desestiman estos sentimientos traumáticos de los adolescentes, y se lo expresan con frases como «Tú todavía no sabes lo que es el amor», la emoción que el adolescente experimenta en ese momento es mucho más profunda de lo que jamás haya experimentado.

Dios ha creado la adolescencia temprana con estas características; y todo lo que Dios hace es bueno. Así que, aprendamos a disfrutar de la montaña rusa en la que los chicos avanzan por la vida poniéndonos en su lugar. ¡Esta expedición a través de las emociones puede resultar muy divertida! Solo asegurémonos de tener el cinturón de seguridad bien ajustado.

Mariposas sociales

El mundo social de un niño es muy simple. Sus amigos viven en el vecindario, por lo general a una o dos cuadras. Quizás algún amigo de la iglesia viva en otro barrio de la ciudad.

En cambio, cuando entra a la adolescencia temprana, se le abren las puertas a todo un mundo de posibilidades sociales. Las chicas tienden a formar grupos de dos o tres amigas. La mayoría de los grupos formados por cuatro amigas tienden a dividirse en dos.

Tomar conciencia de la anatomía

En un cajón separado guardo unas cuantas prendas de vestir viejas para usar durante los viajes misioneros. Entre ellas en un tiempo se encontraba uno de mis jeans favoritos; aunque ya tenía varios agujeritos en las posaderas, ninguno de ellos resultaba notorio. El agujero más grande era de apenas dos centímetros y solo revelaba una parte inofensiva de mi ropa interior.

En una ocasión en que trabajaba con una docena de adolescentes en la construcción de un techo, me incliné varias veces para enseñarles la manera correcta de clavar las maderas. Luego de un par de horas haciendo lo mismo, comencé a sentir que algo se rasgaba cada vez que me agachaba. Trate de palpar los agujeritos y pude notar que se había producido una rotura sustancial en mis jeans. «No debo inclinarme más», pensé. «Puedo enseñarles a los chicos a realizar esta tarea mientras permanezco de pie». Sin embargo, muy pronto olvide mi problema y de nuevo me agaché, rompiendo un poco más el pantalón.

Entonces me paré enseguida, y pensando solo en mis pantalones (no en mi anatomía) les comenté a aquellos adolescentes: «Cielos, el agujero de mi trasero se sigue agrandando y agrandando».

—Mark Oestreicher

Por otro lado, los adolescentes varones de entre 12 y 15 años se manejan en masa. El modo de agruparse de estos conjuntos de varones puede cambiar con frecuencia, así como cambia de conformación el grupo íntimo de amistad de las chicas.

El escenario social también puede impactar la autoimagen. En tanto que la imagen propia previa a la adolescencia por lo general se autodefine, o es definida por los padres, los adolescentes de entre 12 y 15 construyen su autoimagen por referencia a sus pares.

La amistad con el otro sexo comienza a tomar nuevas dimensiones. No obstante, solo algunas amistades entre los chicos y las chicas perduran más allá de la adolescencia sin desvanecerse, en especial porque las chicas tienden a madurar mucho antes que los varones.

El nuestro es un gran Dios

El desarrollo espiritual de los adolescentes más jóvenes va de la mano con el desarrollo cognitivo (ver **Desarrollo Cognitivo** en la página 31). Al adquirir la habilidad del pensamiento abstracto, *todo* lo que tiene que ver con el cristianismo se percibe con nuevos matices y cobra nuevo sentido.

Pongámoslo en estos términos: estos jóvenes adolescentes han adquirido un nuevo software, un nuevo procesador de palabras, por así decirlo, y están tratando de convertir los archivos de la información acumulada durante los últimos diez años a un nuevo formato.

Estos adolescentes más jóvenes están formateando su conocimiento acerca de Dios, la salvación, la gracia, la encarnación, y casi todo otro tema espiritual del que han oído. También están reformulando la información que han recibido acerca de las creencias de sus padres para así poder llegar a configurar su propia identidad espiritual.

Yo tengo la teoría (jamás autenticada a través de estudios serios) de que los adolescentes de entre 12 y 15 años de edad *necesitan* enrolarse nuevamente, en lo que hace a su fe, de la misma manera en que un soldado renueva su compromiso con el ejército. Si estos adolescentes no incorporan la fe como suya y la hacen propia, esta se volverá básicamente inactiva en su adolescencia más avanzada.

Ayudemos a los padres a disfrutar de las dudas y los cuestionamientos de sus hijos adolescentes. Cuando un padre declara angustiado que su hijo acaba de decirle: «No estoy seguro de querer seguir siendo cristiano», siempre le respondo: «¡Eso es fantástico!». Después de explicarles el por qué, su expresión de estupor se transforma en un gesto de alivio.

Ayudemos a nuestros jovencitos a cuestionar su fe. Forcémoslos a pensarla desde diferentes ángulos. Y disfrutemos del proceso.

Hoy la adolescencia comienza más temprano porque la pubertad llega antes. Algunas adolescentes comienzan la menstruación temprano, como a los 11 años, 150 años atrás no sucedía esto hasta los 17. Los varones generalmente comienzan su despertar sexual a los 13. No sabemos con certeza por qué estas edades tienden a seguir bajando.

—Chap Clark

Entre sacudidas

No sería tan tonto como para intentar describir a los adolescentes de 12 a 15 años a través de dos conceptos, a menos que me encontrara en la situación de tener que hacerlo. Bajo esas demandantes circunstancias, los definiría como personas que están *en-medio-de* y sujetos a *cambio*.

Los adolescentes entre 12 y 15 años *no han llegado* aún, pero tampoco están donde estaban. No son niños, pero tampoco adultos. He escuchado a algunos adolescentes de esta edad hablar de sexo en un momento y al siguiente minuto conversar sobre dibujos animados. He conocido chicas de esa edad que usan uñas esculpidas y se maquillan cuidadosamente, pero que todavía juegan con sus muñecas Barbies. Los adolescentes de edad temprana están en-medio-de.

Estos adolescentes viven en-medio-de porque demasiadas cosas con respecto a ellos están en proceso de cambio. Atraviesan por mayor número de cambios físicos, emocionales, sociales y espirituales que los que tendrán que atravesar durante el resto de sus vidas. Solo los bebés experimentan más cambios que ellos. Estos pequeños niños y niñas se transforman en jóvenes hombres y mujeres delante de nuestras narices. Obviamente, la adolescencia temprana constituye el período más crítico del ciclo de desarrollo.

La adolescencia temprana constituye el tiempo más crítico en el desarrollo de un ser humano. Durante este período de crecimiento y cambios, al que por lo general no le prestamos mayor atención, los jóvenes emergen de la dependencia de la infancia para enfrentarse con la libertad, la responsabilidad y los valores contrapuestos de la adultez.

—Joan Scheff Lipsitz

Ahora denme una mano para salir de esta situación en la que me han colocado mis declaraciones.

Problemas con las líneas de comunicación

Observemos el comportamiento de una adolescente de quinto grado (alrededor de 10 años) con sus padres. La mayor parte del tiempo mantiene con ellos una comunicación abierta y sin problemas. Todavía tiene la capacidad de colocar a sus padres en una situación incómoda con sus preguntas cándidas e inocentes. Y si no existen serias disfunciones dentro del seno familiar, la niña disfruta del tiempo que pasa en familia.

Ahora consideremos a la misma niña cuando ya está en décimo grado (alrededor de los 15 años). Su comunicación con sus padres se limita a algunas cortas oraciones pronunciadas durante las dos únicas noches de la semana en las que logran cenar juntos; y solo les hace preguntas a sus padres cuando resulta absolutamente necesario. El tiempo que pasa con sus padres constituye un castigo para ella.

Este ejemplo extremo lamentablemente resulta muy común. ¿Qué ha pasado entre ellos?

La terapeuta familiar Mary Pipher señala en su libro *Reviving Ophelia* [Reviviendo a Ofelia] que en el seno de las familias estadounidenses el distanciamiento entre los miembros casi siempre comienza en

Algo dramático les sucede a las chicas en la adolescencia temprana… la individualidad se pierde dentro de la manada. Se estrellan y se queman en medio de un Triángulo de las Bermudas social. Pierden su flexibilidad y optimismo, y cada vez se vuelven menos curiosas y se inclinan a correr menos riesgos… se las ve más respetuosas, más autocríticas y depresivas.

—Mary Pipher

la adolescencia temprana de los hijos, y durante ese período se crean grandes tensiones familiares. Ella señala:

> Los padres establecen limites en su afán por proteger a sus hijas, a la vez que estas hijas hablan de sus derechos y se resienten por lo que consideran un esfuerzo de sus padres por mantenerlas niñas y no dejarlas crecer. Y los padres se muestran temerosos y enojados cuando sus hijas asumen riesgos importantes para demostrarles que son independientes.

Ya que las líneas de comunicación entre los adolescentes y sus padres tienden a deteriorarse en la adolescencia temprana, necesitamos ayudar a que se restablezca esta comunicación entre ellos (ver **Un contexto familiar saludable** en la página 86). Hablemos con los jóvenes acerca de la relación con sus padres. Tratemos de que se vean expuestos a ejemplos claros de comunicación familiar, y ayudémoslos a descubrir sus beneficios.

Una de las cosas que me produce más estrés en la vida es el tener que decidir qué ponerme para ir a la escuela. Puedo pasar media hora, o quizás una hora, de pie frente al espejo cada noche probándome la ropa y preguntándome si se burlarán de mí por usar aquello.

—Brandon, 13 años

Tengo que ser yo mismo

Esta época de la vida está muy marcada por una palabra: *individualidad*.

Individualización es el proceso a través del cual los adolescentes (y aun los jóvenes que pasan los veinte) buscan una respuesta a la pregunta: ¿Quién soy?

Se trata de un proceso sumamente importante que se dispara en los comienzos de la pubertad.

La mayoría de los adolescentes mayores se hallan en pleno proceso. Si observamos a un joven de 17 años podemos ya vislumbrar cómo se verá a los 30.

Pero los adolescentes más jóvenes no nos dan mayores pistas con respecto al tipo de persona que pueden llegar a ser. Ellos mismos no tienen idea, pero se desesperan por saberlo. Esa es la razón por la que los adolescentes de entre 12 y 15 años intentan tantas cosas diferentes.

Santiago es un muchacho que practica tres deportes, pasa sus tardes en el laboratorio del club de ciencias y en el club de computación. Visita el mundo virtual tres veces a la semana para competir en juegos virtuales y además es muy activo dentro del grupo de adolescentes de su iglesia. Cristal canta en el coro de su escuela y en el de la iglesia también, toca la trompeta en la banda y en la orquesta de la escuela, juega voleibol y softbol, se ha integrado al club de lenguas extrajeras y asiste a las clases de Biblia los martes por la noche.

Los chicos prueban cantidad de cosas en su adolescencia temprana para poder descubrir aquellas áreas en las que son buenos. Todo esto tiene que ver con el proceso de individualización, o sea, de llegar a autodefinirse.

Acné y bello en las axilas

Los cambios físicos que se producen durante la pubertad son suficientes como para arruinar la vida de cualquiera, por lo menos temporalmente. Junto con el intento por dominar la voz que trina indecisa en un registro que oscila dentro de un par de octavas, los varones por lo general (aunque no siempre) experimentan el mayor brote de crecimiento. Se les ensancha el pecho, los músculos comienzan a definirse y les crece bello en las piernas, brazos, axilas, y en la zona del pubis. Empiezan a sudar (y a apestar). Las hormonas corren por su cuerpo como los niños que juegan en un parque de agua. Y como si todo esto no fuera suficiente, experimentan erecciones y sueños húmedos. En realidad parece un cuento de terror.

> Mi mamá y mi papá solían pelear con mucha frecuencia, pero ahora están abordando sus problemas junto con un consejero matrimonial. Esto me ayuda a llevarme mucho mejor con ellos. Mi papá es pastor de jóvenes.
>
>
>
> —Martina, 13 años

Recuerdo la primera vez que noté el bello oscuro de mis piernas. Había aparecido desde la mitad de las pantorrillas hacia abajo, justo en la parte que cubrían mis medias deportivas a rayas. Entonces, utilizando mis nuevas habilidades cognitivas, supuse que el bello crecía mejor en la oscuridad, allí donde los pantalones o zoquetes cubrían la pierna. Así que, realizando un esfuerzo heroico, me cociné todo un verano al usar pantalones largos en vez de cortos, con la sola idea de que me creciera bello en las piernas.

Y luego están los cambios que se producen en las mujeres. Por lo general alcanzan la pubertad dos años antes que los varones (eso es casi llegando los 11 años de edad). En las chicas se producen aun más cambios que en los varones. La forma de su cuerpo cambia por completo. Los pechos crecen y las caderas se ensanchan. El bello les crece en los mismos lugares que a los varones, y también aparecen el sudor y el olor, y la menarquia (o primera menstruación).

(Recuerdo los chistes sobre el período femenino que circulaban en la escuela en mis épocas de adolescente. Cuando pienso en ellos, me doy cuenta de que ni yo ni los chicos que me contaban esos cuentos entendían de qué se trataba la menstruación).

Aquí van algunas claves para aquellos que ministran a los adolescentes que experimentan la realidad de vivir «en-medio-de»:

- Si un varón se niega absolutamente a pararse, no lo obliguemos. Las erecciones espontáneas ocasionan una vergüenza extrema (aunque nadie las note).

- Procuremos llevar siempre con nosotros en los viajes líderes mujeres y líderes varones. No solo resulta mejor a los fines de poder ministrar con mayor libertad, sino que también nos evita quedar pegados en situaciones embarazosas.

Un amigo mío llevó un grupo mixto de adolescentes en un viaje en canoa en el que solo contaba con líderes varones. Durante el viaje, una de las chicas fue picada por una abeja en un pezón. Aunque la chica insistía que mi amigo

Con nuestra iglesia todo está bien, excepto que ahora la reunión comienza a las 9:15. Y mi familia nunca llegaba a horario ni cuando comenzaba a las 9:30.

—Josué, 12 años

Era mi primer domingo de trabajo como asistente del pastor de los adolescentes más jóvenes en una iglesia muy grande, y mi jefe, el pastor de esos adolescentes, me pidió que enseñara la lección. Cuando yo me pongo nervioso digo cosas fuera de lugar, de las que después me arrepiento. No me acuerdo para nada de lo que estaba predicando. Por alguna razón pensé que la película que había visto en televisión la noche anterior ilustraba el tema. Viven, como seguramente recordarán, trata de un avión que se estrella en la cordillera de los Andes. Los pasajeros no son hallados por meses y los que sobreviven lo hacen comiéndose a los muertos. No puedo recordar la conexión que tenía la película con mi charla ahora, pero en ese momento me pareció una idea brillante. Les pregunté a los estudiantes si habían visto la película; algunos contestaron que sí. Les pregunté: «¿Vieron qué parte del cuerpo se comieron primero?». Pude notar que las cejas del líder se enarcaban. En la película, los sobrevivientes habían elegido cortar la parte de atrás de los muslos de sus desafortunados compañeros de viaje. Exagerando mis comentarios y realizando una mímica corporal muy demostrativa, señalé: «Lo que quiero decir es que a mí me gustan los glúteos, pero no para comerlos». Por un milagro no perdí mi trabajo.

—Derrick Riggs

le quitara el aguijón, él se negó. Todavía conserva su empleo y no está en la cárcel.

• Si vamos de viaje con chicas y sabemos que no tendremos ningún negocio o mercado cerca, pidámosle a alguna de las líderes que lleven consigo toallas femeninas y tampones para el caso de que alguna muchachita comience su período y no esté preparada.

• Nunca jamás hagamos chistes sobre los cambios por los que están pasando los chicos. Mofarse de un varón que está en el proceso de cambiar su voz o hacerle una broma a una chica (aunque sea con buenas intenciones) acerca de su nueva feminidad, puede destrozar a un adolescente.

• Debemos establecer reglas básicas para mantener las hormonas bajo control, especialmente en retiros o viajes.

• Tengamos presente que los cambios prematuros (ya sean en cuanto a la altura, el crecimiento de los pechos, o cualquier otro cambio) casi siempre hacen que los adolescentes se vuelvan muy conscientes de sí mismos.

• Proveamos un lugar con cierta privacidad para que los chicos se cambien de ropa cuando salen de viaje. No los molestemos por no querer cambiarse delante de otros.

UNA DOSIS DE PEDAGOGÍA

TIEMPO DE ENSEÑAR

¿QUÉ DIJISTE?

Los adolescentes tienen la habilidad de recordar diez veces más lo que *ellos* dicen que lo que *nosotros* decimos. Aun recuerdan más lo que ellos piensan que lo que nosotros les decimos. Por eso se puede considerar que aquellos que logran que los chicos expresen sus opiniones constituyen una casta especial.

Utilicemos preguntas creativas en forma regular al impartir enseñanzas. Planeemos preguntas que nos lleven, junto con el grupo, por el camino de los descubrimientos. No temamos hacer aquellas preguntas que nos surgen espontáneamente, aunque nos parezcan demasiado tontas.

Y recordemos que mientras que las preguntas referidas a los contenidos de la enseñanza tienen su lugar, las mejores preguntas nunca tienen una sola respuesta posible.

La mayor parte de las personas se siente absolutamente falta de herramientas como para trabajar con ellos (los adolescentes de entre 12 y 15 años). Sin embargo, lo único que en verdad se requiere es que alguien los ame en medio de su diversidad, que alguien sea capaz de percibir el cuadro total de circunstancias y esperar que Dios produzca los frutos en su tiempo y no en el que ellos piensan.

—GREG JOHNSON

¡Arriba los lápices!

Acabamos de enfrentarnos con la realidad de que estos chicos no recuerdan demasiado de lo que nosotros, profundos y elocuentes maestros, les decimos.

Así que pongámoslos a escribir. Pedirles que escriban su propia opinión sobre un tema antes de expresar su respuesta frente los demás resulta oportuno para que mantengan definidas sus propias opiniones sin mimetizarlas con las de sus pares.

Algunas maneras de hacer que los chicos escriban:

- Preparar los temas comenzando con un cuestionario que los chicos deban responder.

- Entregarles a los adolescentes una lista de preguntas referidas al contenido de un pasaje bíblico que los guíe a través de la lectura.

- Pedirles que lleven un cuaderno de registros de aquellas cosas en las que necesitan cambiar.

- Presentarles una selección de tarjetas un poco locas en las que puedan escribir notitas de agradecimiento a sus padres.

Bosquejo de planificación

Un pionero en el ministerio juvenil, Larry Richards, desarrolló un bosquejo sobre cómo planificar las enseñanzas.

El preparar las lecciones teniendo en cuenta estos cuatro componentes nos permitirá llegar donde queremos.

>**El gancho:** ¿Por qué me parece importante este tema?
>
>**El libro:** ¿Qué es lo que dice la Biblia?
>
>**La comprensión:** ¿Qué significa esto que dice la Biblia?
>
>**La implementación**: ¿Cómo puedo ponerlo en práctica?

Amo los sillones y la música.

—JEREMY, 12 AÑOS
(CUANDO SE LE SOLICITÓ: «CUÉNTANOS ACERCA DE TU GRUPO DE ADOLESCENTES»).

¿ESO PUEDE CONSIDERARSE APRENDIZAJE?

El ministerio a los adolescentes más jóvenes tiene que resultar divertido. Decididamente, la diversión no es una meta puramente secular. Si Jesús hubiera enseñado a adolescentes de 12 a 15 años, con seguridad lo habría hecho de modo muy divertido. Volvamos nuestras enseñanzas más divertidas a través de juegos educativos. Los juegos también ayudan a los chicos a distenderse cuando interactúan con los demás. Pongamos en práctica alguna de estas ideas:

>**El rey de la montaña:** Podemos utilizar esta variante para comenzar una charla acerca de las presiones que pueden ejercer nuestros pares. La mitad del grupo intentará armar poses y mantenerse en ellas mientras los demás procuran desestabilizarlos.

Ciertas marcas claras que alguna vez definieron a la niñez tienden ahora a desaparecer. Los niños, que deberían estar jugando y meciéndose en sus hamacas, se ven forzados a enfrentar problemas de adultos.

—Doug Fields

Charadas: Formar equipos para interpretar diferentes tipos de emociones. Luego analizar de qué manera afectan esas emociones las relaciones interpersonales.

El misterio de las canciones populares: Formar dos equipos. Solicitar a cada equipo que escoja tres canciones populares de amor. El equipo uno entonces se pondrá a tararear la primera línea de la canción mientras el equipo dos intentará adivinar de qué canción se trata. Una vez descubierta la canción, todo el grupo la cantará. Luego se cambiará de roles, y el equipo que adivinó deberá tararear su canción para que el otro la descubra. Utilizar las letras de las canciones para realizar un debate acerca del amor.

Dígalo con un dibujo: Es como en el Pictonary, solo que los dibujos tendrán que relacionarse con nuestro tema. Formar equipos que intenten transmitir el sentido de las palabras a través de dibujos en un pizarrón, en un papel, en una pared.

En otras palabras, la diversión y el aprendizaje no son mutuamente excluyentes.

Los diez temas principales

Aquí presento, para su análisis, mi lista personal (¡muy subjetiva, por supuesto!) de los diez temas más importantes a enseñar a los adolescentes de entre 12 y 15 años de edad (no precisan darse siguiendo un orden en particular).

La gracia de Dios: Los adolescentes necesitan reinterpretar este tema durante los primeros años de la adolescencia (ver **El nuestro es un gran Dios** en la página 30).

Los cambios: Ayudémoslos a entender lo que les está pasando.

La sexualidad: No solo proveer información sobre sexo. La mayoría de los adolescentes que conozco tienen más información errada que verdadera acerca de la propia sexualidad. Que han sido creados como seres sexuales constituye un descubrimiento importante para los adolescentes de esta edad.

Así como resulta vital ministrar a los adolescentes más jóvenes, es muy importante hacerlo bien. Eso implica pensar el proceso y diseñar un propósito, una filosofía y un plan.

—Dave Veerman

Vivir con Dios: Los adolescentes son capaces de desarrollar una vida espiritual más profunda y significativa de lo que los adultos les permiten.

¿Por qué creer?: ¿Qué sentido tiene ser cristiano? Todos los chicos se lo preguntan en algún punto de su adolescencia. Adelantémonos a contestarles.

Cómo tomar decisiones: Más que nada en el mundo, estos adolescentes jóvenes desean poder tomar sus propias decisiones. Por eso el mejor trabajo que podemos realizar con los adolescentes a largo plazo es ayudarlos a desarrollar el hábito de evaluar bien las opciones antes de tomar una decisión.

Las amistades: ¿Cómo funcionan? ¿Cómo comenzar una amistad? ¿Cómo mantenerla? ¿Y qué de las camarillas? ¿Qué con respecto a las peleas?

La familia: Para dos tercios de nuestros alumnos la familia es un campo de batalla y para el otro tercio, un hogar ingenuo y casi feliz.

Los fundamentos de la fe: ¿Para qué ir a la iglesia? ¿Por qué cantar o alabar? ¿Por qué es necesario orar? ¿Cómo orar? ¿Es confiable la Biblia?

¿Quiénes son Dios y Jesús?: Separemos los mitos y las concepciones erradas de la infancia de la verdad referida a ellos.

El miedo al rechazo puede convertirse en una fuente de ansiedad y estrés que a menudo determina nuestros patrones de comportamiento y la elección de los valores. Los adolescentes de entre 12 y 15 años por lo general llevan a cabo acciones que resultan en el establecimiento de amistades y en su conservación. Tener amigos es, sencillamente, la esencia de la vida para los adolescentes.

—Wayne Rice

¿Qué rol te gustaría representar?

Este recurso de cambiar roles es simplemente una cuestión de asignar personajes a algunos de nuestros adolescentes, subirlos a un escenario y mirarlos improvisar: «Beto, tú eres el padre. Jessica, tú eres la madre. Laura, tú eres la hija adolescente, y quieres que te den permiso para ir a una fiesta que durará toda la noche en la casa de una amiga. ¡Acción!».

Los expertos en el trabajo entre adolescentes han señalado durante años lo efectivo que resulta el role-playing para liberar a los chicos de modo que se atrevan a expresar su concepción de las cosas. Aun los jovencitos que están sentados observando la escena prestan más atención cuando tienen delante un caso en vivo para luego debatir sobre él.

Por otro lado, cuando el grupo es muy grande, en general los adolescentes más jóvenes tienen demasiada conciencia de sí mismos como para actuar frente a los demás y llegar a conclusiones. Pero en los grupos pequeños en los que se ha desarrollado un nivel aceptable de confianza se puede utilizar este juego de cambio de roles con efectividad. Luego de llevar a cabo un role-playing los chicos se muestran con disposición a debatir sobre el tópico elegido.

Prueba si te sirve la talla

La mayoría de los programas educativos (incluyendo el ministerio juvenil) transmiten conocimientos, pero no hacen nada por lograr que esos conocimientos se trasladen a la práctica. El simulacro constituye uno de los puentes que ayudan a los adolescentes a crear un puente entre el conocimiento y la práctica. Los simulacros crean situaciones en las que los adolescentes más jóvenes, a sabiendas o no, pueden «probarse» nuevos comportamientos.

No necesitamos tener un diploma especial en educación para ser capaces de crear buenas situaciones de simulacro. Solo necesitamos preguntarnos: «¿Cómo puedo crear un clima en el que mis estudiantes puedan analizar distintas opciones y las consecuencias que ellas producen sin sentirse tan comprometidos personalmente?».

- Repartir billetes falsos para realizar una práctica de toma de decisiones en cuanto a cómo invertir el dinero.

En muchos sentidos, el pasar de la cultura de la niñez a la cultura de la adolescencia es como trasladarse de una sociedad a otra, y los cambios de comportamiento y conducta que los adolescentes deben enfrentar pueden provocarles una especie de shock, una suerte de desestabilización con respecto a sus padres.

—David Elkind

No tengo problemas con la escuela. Pero sería mucho mejor si las clases no estuvieran interfiriendo en el medio.

—Débora, 12 años

¡Qué sorpresa! ¡Es la hija del pastor!

Viajé con un grupo de adolescentes a misionar a una reservación indígena americana en Arizona. El pastor misionero de la reservación tenía una hija de 13 años que se unió al grupo durante el viaje. En el camino nos detuvimos en Wal-Mart para comprar provisiones. Los chicos muy pronto se dispersaron por toda la tienda. No habían pasado ni diez minutos cuando el encargado del lugar me llamó por el alto parlante. Cuando me acerqué a la oficina del encargado escuché palabras subidas de tono. La hija del misionero había sido atrapada robando, y la muchacha sentía que la amenaza del encargado de llamar a la policía le concedía la licencia de insultar al hombre usando un lenguaje propio de un marinero. Diez minutos después yo conducía la camioneta de la iglesia detrás de un auto patrullero en el que iba esta adolescente todavía fuera de sí. Dos horas y media después, el sheriff la dejaba en libertad bajo mi custodia. ¡Toda una aventura! Me sentí tentado a pedirle al comisario que la dejara adentro.

—Curt Gibson

• Después que los adolescentes hayan fallado en una actividad casi imposible de realizar, eliminar el castigo y hablarles acerca de la gracia.

• Utilizar el role-playing para descubrir lo lindo que sería tratar bien a nuestros hermanos a pesar de que ellos se hayan comportado estúpidamente con nosotros.

• Separar a los chicos en dos grupos. Pautar una visita entre dos culturas inexistentes (a las que ellos representarán), señalar cuál es su forma de saludo, el tipo de comidas que preparan, sus costumbres, su vestimenta típica, y otras cosas por el estilo. Luego de que los chicos interactúen durante un corto período, invitarlos a compartir una charla sobre cultura, racismo o misiones.

Para tomar nota

Aunque la utilización de videos producidos por nosotros mismos puede resultar eficaz en la enseñanza, filmar y editar tal vez no sea la mejor manera de usar nuestros recursos. Solo los expertos en tecnología o los que cuentan con mucho tiempo libre pueden llegar a preparar estos materiales.

De todas maneras, podemos utilizar ocasionalmente elementos visuales en nuestras charlas y aprovechar alguno de los beneficios de la revolución industrial.

Aquí incluimos dos sugerencias:

- Utilizar algunas escenas tomadas de programas de televisión, comerciales o películas alquiladas, como disparador de un debate o para introducir un tema. Por ejemplo, exhibir los momentos finales de la película Indiana Jones y la última cruzada, en los que él da un paso de fe, para introducir el tema de la fe. O el tramo de la película Apolo 13, en el que Tom Hanks se da cuenta de que está perdido en el espacio y habla acerca del sentido de indefensión.

- Aunque nos resulte un poco más caro que copiar Baywatch en nuestra grabadora de video, vale la pena invertir en videos filmados especialmente para los jóvenes. Tomémonos el tiempo de visitar los videoclubes cristianos de nuestra localidad para elegir allí material de apoyo para nuestras clases.

Con demasiada frecuencia las iglesias estructuran el ministerio dirigido a los adolescentes sobre la idea de mantenerlos ocupados, en lugar de intentar la realización de cosas significativas. ¿Qué es lo que en realidad quisiéramos que sucediera con ellos?

—STEVE DICKIE Y DARRELL PEARSON

¡Escuchemos!

Estamos viviendo en plena era de los videos, pero las películas no suplen todas las necesidades que se presentan en el ministerio con los adolescentes más jóvenes. De vez en cuando permitamos que un dinosaurio salga de su cueva: utilicemos recursos puramente auditivos. Obviamente, un audio resulta comparativamente más limitado, pero ningún recurso creativo puede utilizarse más que de vez en cuando. Y el material de audio puede resultar adecuado en ocasiones. Por ejemplo:

Gilberto es uno de mis líderes de jóvenes preferidos porque realmente demuestra que le importo de veras. Me llama y me pregunta cómo van mis cosas.

—CRISTIAN, 13 AÑOS

- Elegir una serie de canciones relacionadas con cierto tema y grabar entre cinco y diez segundos de cada una. A partir de escuchar la cinta, pedir a los chicos que adivinen el tema de ese día.

- Colocar en un proyector la letra de una canción pertinente al tema. Hacerles escuchar la canción a los chicos mientras leen la letra.

- Agregar efectos especiales a nuestros relatos. Podemos conseguir grabaciones de efectos especiales en cualquier negocio de venta de discos.

Cuéntame una historia

Los adolescentes aman las historias, y la Biblia está llena de historias asombrosas. El problema es que la mayoría de las traducciones de la Biblia no utilizan un estilo de lenguaje que atraiga a estos chicos adolescentes y los mantenga atrapados durante la narración.

Si pensamos que la solución pasa por contar las historias en el lenguaje que usan los adolescentes de esta edad, estamos en lo correcto, pero solo parcialmente. Es mejor no narrar toda la historia de forma improvisada, porque entonces estos jóvenes pueden desarrollar la idea de que no hay nada en la Biblia que valga la pena ser leído. En lugar de eso, procuremos encontrar un equilibrio entre la lectura textual y la narración espontánea enriquecida con imágenes y descripciones.

> *La escuela es una cosa extraña, porque todo el mundo te dice que la vas a valorar después. Pero la odias tanto que no estás seguro de que así sea. Aunque nunca conocí a nadie que se arrepintiera de haber ido a la escuela.*

—David, 13 años

Luego de familiarizarnos con el texto bíblico, podemos elegir algunos versículos para ser leídos y narrar el resto de la historia contextualizándola dentro del ámbito en el que se mueven los adolescentes. Esta manera de narrar la Biblia requiere de práctica, pero descubriremos que el esfuerzo vale la pena al notar con qué ganas los alumnos escuchan las historias bíblicas, aunque las hayan venido oyendo desde el preescolar.

Llévatelo a casa

Los chicos en su adolescencia temprana son como las ratas: guardan todo lo que le den hasta que están cerca de los 16. Bueno, quizá no se guarden las calcomanías de los dinosaurios. Pero entregarles de vez en cuando alguna cosa cuidadosamente seleccionada para que se la lleven a su casa puede resultar un recurso interesante. Les recordará a nuestros alumnos nuestra enseñanza durante semanas, a menos que su mamá la tire a la basura.

El mejor objeto que les he dado para llevar a casa fue un clavo gigante. Se los entregué al hablar de la crucifixión de Jesús. Les pedí a los chicos que sostuvieran el clavo junto a su muñeca y que imaginaran cómo sería que los clavaran a una cruz con un clavo de ese tamaño o aun más grande. Luego les describí los detalles de la muerte de Jesús. Pasados varios años, al visitar el hogar de algunos de ellos, descubrí los clavos en algún estante o sobre algún mueble de su cuarto.

Unos cuantos recursos que ayudan

Presentamos aquí algunos de los recursos impresos que pueden ayudarnos a ministrar a los adolescentes de entre 12 y 15 años. Es muy probable que cuando leamos este libro ya haya más materiales en el mercado y sin duda algunos de ellos serán excelentes. Por eso, revisemos siempre los estantes de las librerías cristianas. Al buscar materiales no nos quedemos solamente con los que produce algún ministerio que nosotros conocemos. Acerquémonos a todos aquellos que trabajan en el ministerio juvenil y tratemos de seleccionar el material que mejor se adecua a nuestra situación o necesidad.

Lecciones y estudios bíblicos:

Lecciones Bíblicas Creativas: de Romanos, de Juan, y de 1 y 2 de Corintios, Apocalipsis, y del Antiguo Testamento.
(Distintos autores, Especialidades Juveniles, Editorial Vida www.especialidadesjuveniles.com).

Para el líder

Lecciones Bíblicas Creativas: de Romanos, de Juan, y de 1 y 2 de Corintios, y del Antiguo Testamento.
(Distintos autores, Especialidades Juveniles, Editorial Vida www.especialidadesjuveniles.com).

Grupos pequeños y Células de Impacto.
(Laurie Polich, Especialidades Juveniles, Editorial Vida www.especialidadesjuveniles.com).

Preguntas provocativas para hacer hablar y pensar a los adolescentes
(Doug Fields, Especialidades Juveniles, Editorial Vida www.especialidadesjuveniles.com).

Para usar en el ministerio:

500 ideas para el ministerio juvenil (Lucas Leys, Especialidades Juveniles, Editorial Vida, www.especialidadesjuveniles.com).

Teatro para Refrescar tu Ministerio (Especialidades Juveniles, Editorial Vida, www.especialidadesjuveniles.com).

Juegos para Refrescar tu Ministerio (Especialidades Juveniles, Editorial Vida, www.especialidadesjuveniles.com).

PARA LOS JÓVENES:

101 preguntas difíciles y 101 respuestas directas
(Lucas Leys, ESPECIALIDADES JUVENILES, EDITORIAL VIDA
WWW.ESPECIALIDADESJUVENILES.COM).

Señor, ¡Líbrame de mis padres!
(MARK MATLOCK, ESPECIALIDADES JUVENILES, EDITORIAL VIDA
WWW.ESPECIALIDADESJUVENILES.COM).

Amigos: Superivencia para adolescentes
(MARK OESTREICHER, ESPECIALIDADES JUVENILES, EDITORIAL VIDA, WWW.ESPECIALIDADESJUVENILES.COM).

Solo para ellas
(Editado por Krity Motta, ESPECIALIDADES JUVENILES, EDITORIAL VIDA, WWW.ESPECIALIDADESJUVENILES.COM).

Encuentros al límite
(Lucas Leys, ESPECIALIDADES JUVENILES, EDITORIAL VIDA
WWW.ESPECIALIDADESJUVENILES.COM).

Podemos enseñar sobre un tema y luego entregarles un objeto al final de la clase, o usar el objeto durante la clase y que luego se lo queden. Usemos la imaginación. Pero, por favor, ¡nada de calcomanías de dinosaurios!

> Mi relación con Dios es muy firme. Él envía sus ángeles a cuidar mi sueño y ha estado conmigo cuando lo he necesitado. Puedo decir que en los momentos difíciles, él siempre estuvo allí.

—Alexis, 14 años

Consideren mi caso

El análisis de distintos casos es, según la jerga de mi actual grupo de adolescentes de entre 12 y 15 años, «una bomba».

Traducción: El análisis de casos les resulta sumamente útil a los adolescentes, y además lo disfrutan.

Por análisis de casos se entiende la consideración de situaciones hipotéticas (o reales) que desemboquen en algún dilema ético o espiritual. Para presentarlos, basta con tres o cuatro frases que describan los particulares del caso. Luego se les pregunta a los chicos: «¿Qué haríamos en una situación como esa?», o «¿Qué consejo podríamos darle a esta persona?».

El análisis de casos ayuda a los adolescentes más jóvenes a pasar de una consideración concreta de los temas a un pensamiento abstracto sobre los aspectos generales de la situación (ver **Desarrollo Cognitivo** en la página 31). Estos estudios les facilitan a los alumnos la aplicación de lo aprendido a través de la lección que enseñamos. Además, les permite responder en tercera persona, lo que resulta mucho más cómodo que responder en primera persona.

Aunque el análisis de los casos más enigmáticos ya se ha recopilado en libros sin embargo, es probable que nosotros podamos añadir nuestros propios casos.

Hay que adaptar

Ningún material impreso existente resulta perfecto para todos los grupos. Hasta el mejor material necesita modificaciones para adaptarse al tamaño de nuestro grupo, a nuestro contexto cultural, a nuestra situación económica. ¡Así que adaptémoslo!

- Descartemos aquellos elementos particulares que no vayan a despertar eco en nuestros chicos.

- Descartemos de raíz aquellas ideas educativas que percibamos como muy infantiles y paternalistas o las que resulten demasiado abstractas y maduras para nuestros chicos.

- Cambiemos los elementos que nos parezcan demasiado grandes o demasiado chicos al considerar los juegos a realizar en grupo.

- Reacomodemos el orden de la lección cuando sea necesario.

- Elijamos hacer una aplicación diferente del tema.

- Utilicemos lo esencial de la lección, pero añadamos nuestros propios análisis de casos, pensamientos y conclusiones.

Todos los líderes de adolescentes de mi iglesia me caen bien, excepto uno. Él siempre se sienta a mi lado y me habla durante el sermón.

—Estefanía, 13 años

Mi papá tiene una aventura amorosa y ya no ama a mi mamá; pero yo no entiendo, porque mi mamá es genial.

—Clarisa, 13 años

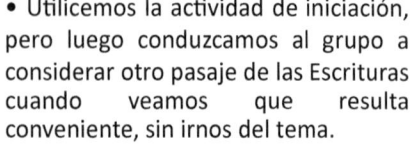

La escuela es como el programa de televisión «Power Rangers»: aburrida y sin sentido.

—Armando, 13 años

- Utilicemos la actividad de iniciación, pero luego conduzcamos al grupo a considerar otro pasaje de las Escrituras cuando veamos que resulta conveniente, sin irnos del tema.

- Hagamos todo lo que consideremos necesario para suplir las necesidades específicas de los adolescentes que nos son conocidas.

Mis mejores lecciones salen al combinar una variedad de recursos. De un libro de lecciones por temas puedo tomar un buen punto de partida. Un libro de juegos y entretenimientos puede proveerme ideas que, con algunas modificaciones, conduzcan al grupo con mayor precisión hacia el objetivo. Después de mezclar y hacer coincidir todas las ideas, finalmente escribo una lección diferente y significativa, hecha a la medida del grupo particular del que estoy a cargo.

DISCIPLINAS ESPIRITUALES PARA ADOLESCENTES DE ENTRE 12 Y 15 AÑOS

LA FE FUERA DEL SALÓN DE REUNIONES

APRENDER A ESTAR SOBRE LAS RODILLAS

Ayudar a los adolescentes a desarrollar una vida de oración no es una cuestión menor: tiene gran importancia y presenta grandes dificultades. Si queremos nutrir a los adolescentes hasta que se conviertan en discípulos de Cristo, no podemos obviar la enseñanza acerca de la oración. Pero no es fácil lograrlo, en especial con aquellos que han crecido en base a una dieta de oración de diez minutos, liderada por el pastor los domingos en la mañana.

Pero, ¡animémonos! Podemos alentar a nuestros jóvenes con estas tres realidades:

1. Es posible orar en cualquier lugar.

2. Podemos usar las palabras que deseemos. No necesitamos hacer uso de un vocabulario religioso en particular.

3. Dios desea hablar con nosotros.

> *Mi escuela se parece a una manada de lobos en la que hay un líder y todos lo seguimos. Ya nadie actúa como un ser individual.*

—LISA, 13 AÑOS

Marinerito

Gracias al operativo Tormenta del Desierto, nuestro viaje en bicicleta desde Los Ángeles a San Diego experimentó una impensada demora. Llegando a Camp Pendleton, una enorme base de la Marina al sur de la costa californiana, un alumno del séptimo grado quedó muy rezagado con respecto al grupo de ciclistas y giró equivocadamente, tomando otro rumbo. En nuestro siguiente punto de encuentro notamos que Esteban faltaba y regresamos a buscarlo. No pudimos encontrarlo por ningún lado. Finalmente regresamos a Camp Pendleton para pedir que nos permitieran buscar a Esteban dentro de su territorio. Los oficiales nos indicaron con mucha firmeza que no se permitían grupos de personas dentro del campo militar. La base estaba en alerta máxima debido a que la armada americana, según nos dijeron, estaba invadiendo Irak. Pero en realidad a Esteban su giro equivocado lo había conducido dentro de la base. Acorralado por un oficial muy nervioso que lo interrogaba acerca del lugar en que se encontraba su líder de jóvenes, Esteban perdió la poca compostura que le quedaba. «¡No lo sé!», dijo, y comenzó a llorar. Con su mente puesta en la invasión militar a Irak, el sargento no tenía tiempo para ocuparse de un ciclista adolescente que se había perdido. Solucionó el problema incorporando a Esteban a un grupo de marines que subían un cargamento a un C-141s que debía partir hacia el Oriente Medio. Esteban estuvo trabajando con los marines todo el día mientras nosotros lo rastreábamos por toda la costa del sur de California.

—Curt Gibson

Ayudemos a los jóvenes a comenzar a orar pidiéndoles que completen ciertas frases que nosotros iniciamos, como: «Gracias, Dios, por...». Sugirámosles a los chicos orar a través de la lectura de algún salmo. Introduzcámoslos a la disciplina del silencio. Establezcamos períodos dentro de nuestra reunión para que ellos escriban sus oraciones. A través de la utilización de una variedad de métodos, podemos enseñarles a los jóvenes que no existe una única manera correcta de orar.

Que se ensucien las manos

Lo más frecuente es que un típico adolescente, egocéntrico, no piense en nadie más que en sí mismo de la mañana a la noche, y que luego, mientras duerme, sueñe consigo mismo también. Sin embargo, irónicamente, estos individuos tan conscientes de su propia persona sienten gran satisfacción cuando pueden ayudar a otros. Solo necesitan un empujoncito.

Así que es bueno desarrollar un programa de servicio. Proveamos a nuestros adolescentes una plataforma desde la cual servir.

• Procuremos encontrar tres ancianos del vecindario (no solo personas de la iglesia) que necesiten ayuda para cortar el césped.

• Pongamos a los adolescentes a sacarles punta a todos los lápices de la Escuela Dominical y de las oficinas de la iglesia.

- Propongámonos darle una buena mano de pintura a un centro comunitario, escuela pública, u otra institución con pintura que nos haya sido donada.
- Enrolemos a los adolescentes como ayudantes en el ministerio con los niños.

Si no se convierten, arderán

Cristo fue muy claro en este punto: como sus seguidores somos embajadores ante el mundo, lo cual incluye a los adolescentes de 12 a 15 años. Pero tengamos cuidado de que la evangelización a los adolescentes no degenere en una mera manipulación espiritual. Lo sé porque alguna vez yo mismo he manipulado así a mis jóvenes.

Cuando anunciamos el evangelio con el fin de alcanzar a nuevas personas, tengamos en cuenta algunos indicadores que nos marca el sentido común:

- **Recordemos que es Dios (y no nosotros) el que opera cambios en la vida de las personas.** Quitémonos y quitémosle a la audiencia toda presión en ese sentido. Relajémonos. Anunciemos las buenas nuevas de Jesucristo. Ofrezcámosles a nuestros jóvenes maneras apropiadas de responder sin forzar los resultados.
- **Que el mensaje sea adecuado a la edad.** Los adolescentes más jóvenes nos mirarán fijamente y sin entender si decidimos desarrollar estudios sobre la restitución substitutiva. Transmitamos las verdades del evangelio a través de conceptos que los adolescentes pue-

No existe tal cosa como que un actor único conduzca el ministerio entre los adolescentes de 12 a 15 años; se necesita contar con una diversidad de adultos que asegure la calidad y la cantidad en el servicio. Aunque ninguno de nosotros posee todas las cualidades que hacen al modelo más completo de líder, no obstante, cada uno puede aportar cualidades que contribuyan a completar el cuadro.

—David Shaheen

La escuela será divertida cuando llegue a octavo grado porque podré ayudar a los más chicos sin que ningún otro más grande que yo me esté molestando.

—Jennifer, 13 años

> Me gusta ir a la iglesia. Es la idea de tener que levantarme de la cama antes de ir a la iglesia lo que no me gusta.
>
> —Jaime, 13 años

dan entender. En un evento reciente de evangelización usé la ilustración del puente (popularizada tiempo atrás por Cruzada Estudiantil en sus famosas «cuatro leyes espirituales», que tal vez recordemos) junto con Barney, el dinosaurio, representando a la persona (o criatura) que intenta llegar a Dios.

• **Usemos historias**: Ilustraciones personales, parábolas contemporáneas, o historias bíblicas parafraseadas. Aficionémonos a la narración y los adolescentes se apegarán a nosotros.

• **Seguimiento**: La conversión sin seguimiento constituye una clara señal de manipulación al evangelizar. Si tenemos en nuestras manos adolescentes que han decidido seguir a Jesús, completemos la gran comisión (y no solo la parte de evangelizarlos) *haciendo discípulos*.

Hagamos que los eventos evangelísticos resulten atractivos para los jóvenes no cristianos que habitualmente no concurren a la iglesia. Comuniquémosles a nuestros alumnos que el propósito del evento es que ellos puedan invitar a sus amigos. No reparemos en gastos. Tratemos de lograr que el evento resulte asombroso. Asegurémosles a nuestros alumnos que no se tratará de un evento vergonzoso por el que tendrán que pedir perdón a sus amigos y presentarles sus excusas. Y, por supuesto, cumplamos esa promesa.

ALGUNAS PERSPECTIVAS SOBRE EL MINISTERIO JUVENIL PARA AQUELLOS QUE PLANEAN Y DIRIGEN LOS PROGRAMAS (SEA GRATUITAMENTE O COMO OBREROS SOSTENIDOS POR LA IGLESIA)

AHORA QUE ESTAMOS A CARGO
Diferentes chicos, diferentes programas

Encontramos a los adolescentes más jóvenes en las más diversas etapas de desarrollo, compromiso, madurez e interés espiritual. Esto hace que el ministerio no pueda venir en una única talla que les quepa bien a todos. La planificación anual de un ministerio calificado dirigido a los adolescentes más jóvenes debe incluir distintos programas de actividades que apunten a estos tres tipos de alumnos:

- Los no creyentes, los que están en vías de convertirse en creyentes, y aquellos que no muestran mayor interés.

- Los chicos que regularmente asisten al grupo y que demuestran aunque sea un mínimo interés en su crecimiento espiritual.

- Aquellos pocos que realmente están dispuestos a enfrentar el desafío de la fe y apuntan a lograr un crecimiento espiritual.

Analicemos los programas y eventos que tenemos planificados y determinemos

He aceptado a Cristo como mi Salvador y creo en él, aunque en realidad me cuesta mucho demostrarlo con mi vida.

— Cristina, 12 años

para ellos objetivos claros, con elementos pensados para suplir la necesidad de cada una de estas clases de adolescentes.

Entonces comuniquemos el propósito de cada evento a todos: padres, alumnos, líderes de la iglesia y otros líderes de adolescentes. Los chicos necesitan programas preparados específicamente para ellos, ya sea que se muestren indiferentes a todo lo que tenga que ver con crecimiento espiritual o que estén dispuestos a poner al mundo patas para arriba por servir a Dios.

¡No es posible!

La mayoría de los padres no hablan con sus hijos acerca de la sexualidad de una manera específica. Como resultado de esto, el desarrollo, las ideas, las conversaciones y las experiencias sexuales de los jovencitos se producen sin que cuenten con la sabiduría y la guía de sus padres.

—Benson, Williams and Johnson

Alguna que otra vez vale la pena destinar todo nuestro tiempo, esfuerzo y dinero a sorprender por completo a nuestros alumnos. Un pastor de jóvenes que conozco les cobra de más a sus alumnos por cada evento que realizan durante todo el año y de esa manera puede llevar a aquellos que se gradúan en un viaje sorpresa de fin de año a lugares absolutamente impensados: una vez realizaron un crucero, otro año fueron a las Bahamas.

Cuando el ministerio a los adolescentes es fuerte, deja recuerdos en las mentes. Algunos de ellos deberían llevar a los chicos a decir: «¡No puedo creer que hayamos hecho eso! ¡No podría volver a hacerlo en ningún otro lado!».

Es trabajar sobre el principio de lo IMPOSIBLE.

Crea una sensación de estar logrando lo IMPOSIBLE. Produce asombro y emoción en diferentes escalas. Logremos que nuestros estudiantes prorrumpan en una exclamación de asombro al lanzarles puñados de golosinas. U organicemos un evento (juegos incluidos) con pescado crudo o patas de gallina (cuando están congeladas resultan buenas para jugar a los bolos en el pasillo). También podemos auspiciar una fiesta en una piscina, en la que todos entren al agua vestidos (esto les encantará a las chicas de esta edad). O cubramos el suelo del salón con cuarenta centímetros de goma espuma (busquemos dónde comprarla en las páginas amarillas).

Las actividades catalogadas como IMPOSIBLES pueden resultar muy especiales, como, por ejemplo, llevar a un par de chicos elegidos al azar a dar un paseo en helicóptero (¡un amigo lo acaba de hacer en un campamento!). Pero también puede resultar impactante el simple hecho de que en el medio de la lección nos detengamos para decirles que pueden hacer avioncitos con las hojas de su lección.

Usemos la creatividad y aprovechemos todas las posibilidades que nos rodean. No necesariamente tenemos que hacer cosas que cuesten mucho dinero; aunque si tenemos la posibilidad de hacerlo, realizando un cuidadoso planeamiento, con seguridad valdrá la pena.

Ir a la escuela es divertido porque los miércoles nos dan pizza de almuerzo.

—JONATÁN, 12 AÑOS

Salgamos de las estructuras que nos condicionan

Doce años atrás, cuando comencé con el ministerio entre los adolescentes más jóvenes, me juntaba regularmente con una red de líderes juveniles especializados en adolescentes mayores de 15 años. Yo era considerado un tipo raro por una buena razón: en aquellos días ninguna otra persona que conociéramos había llevado adolescentes de entre 12 y 15 años en viajes misioneros, pero yo quería probar.

«Las misiones están reservadas para los adolescentes mayores de 16 años», me dijeron.

Y yo les creí durante uno o dos meses. Pero luego decidí dar un paso de fe (esa es la frase que los líderes de los adolescentes más jóvenes decimos cuando queremos justificar una acción descabellada y riesgosa). Nuestro primer viaje misionero nos llevó a una reserva indígena al norte de Minnesota, que constituyó una experiencia maravillosa.

Me encanta ir a las reuniones de la iglesia con mis padres; todo allí se ve muy prolijo.

—Vera, 12 años

Luego de conducir a unos 450 adolescentes de esta edad en docenas de experiencias de vacaciones y escuelas bíblicas multiculturales y en más de cien pequeños proyectos de construcción, estoy más convencido que nunca acerca de que los viajes misioneros resultan excelentes para los jovencitos de 12 a 15 años. Por esta razón, al alejarse de las trabas culturales y físicas que los inmovilizan, estos jóvenes se vuelven más capaces de escuchar a Dios. Agreguemos a esto el hecho de que están poniendo su vida al servicio a Dios, y eso les produce un gran impacto.

Un contexto familiar saludable

Dado que la comunicación entre padres e hijos naturalmente tiende a romperse en la edad de la adolescencia temprana, nuestro trabajo debe abarcar a la familia entera (asegurémonos de que nuestra definición de «familia» también incluya a aquellos que tienen solo uno de sus padres y a las familias combinadas). Trabajemos con los padres. Mantengámoslos informados hasta que se harten de nosotros. Proveamos oportunidades en las que los padres puedan interactuar positivamente con sus hijos.

Eduardo es uno de los mejores líderes de jóvenes de mi iglesia. Es divertido y puede decir cosas mientras eructa.

—Karen, 13 años

Las dos metas que nos proponemos al programar cualquier evento familiar con nuestro grupo son:

- En primer lugar, apuntamos a crear recuerdos familiares. Los chicos necesitan reír y jugar con sus padres. Muchas familias, inclusive familias cristianas bien conformadas, a veces no encuentran el tiempo para jugar juntas. El poder crear buenos recuerdos de los momentos compartidos ayudará a la interacción familiar diaria durante los siguientes meses.

• En segundo lugar, trabajamos para abrir los canales de comunicación familiar que estén obstruidos. Todos los encuentros de familias programados por el ministerio cuentan con guías para la interacción familiar, que incluyen preguntas serias y también graciosas a las que los padres y los adolescentes deben responder. Con amabilidad, impulsamos a los chicos y sus papás a interactuar entre ellos. Pocas cosas en el ministerio me producen tanta gratificación como escucharlos completar la frase «Una de las cosas que me gustan de ti es...».

Todos piensan que Eduardo es fantástico, pero yo no.

—Corina, 12 años

Seamos un grupito (pequeño)

Dentro de la trama de los grupos de adolescentes formados por más de doce miembros, debemos entretejer grupos de ministración más pequeños.

Si aceptamos la premisa de que los chicos crecen en medio de un contexto relacional, entonces, sea como fuere, debemos crear un clima que fomente las relaciones. Este clima de establecimiento de relaciones nace mejor a partir de los grupos pequeños.

Primero, separemos a los chicos en grupos por sexo (los grupos pequeños mixtos son casi inútiles en esta edad). Si es necesario armar más de dos grupos, podemos realizar la división por grados escolares. (Ver otras sugerencias en **Cien contra uno: No funciona** en la página 14). Los cambios que se suceden en la temprana adolescencia hacen que resulte más productiva la división basada en las diferentes etapas de desarrollo, ya que esto permite una mejor interacción del grupo.

Finalmente, expliquémosles a los líderes del ministerio juvenil que ellos son pastores (no por haber sido ordenados por la denominación a la que pertenecemos, sino en el sentido de que están pastoreando a los chicos que tienen a su cargo). La descripción de su labor se puede resumir en una frase: inviertan su esfuerzo en aquellos que les han sido asignados. ¡Apreciemos lo pequeño!

Yo amo mucho a mis padres. Mi papá consiguió trabajo durante dos semanas y luego lo echaron otra vez. Él está emocionalmente enfermo.

—MARCOS, 14 AÑOS

PADRES, LÍNEA DIRECTA

Los adolescentes entre los 12 y 15 años siguen siendo parte integral de su familia. Aunque vivan en medio de situaciones familiares enfermizas, sus padres aún tienen mayor influencia sobre ellos que sus pares.

Esto significa que estaremos en permanente conflicto con los padres de los chicos si no contamos con buenas vías de comunicación con ellos. Evitemos cometer estos errores:

Siete necesidades clave que caracterizan el desarrollo de la adolescencia temprana:

1- Interacción social positiva con los adultos y con sus pares.

2- Límites y estructuras claras.

3- Actividad física.

4- Expresiones creativas.

5- Competencia y logros.

6- Participación significativa dentro de la familia, la escuela y la comunidad.

7- Oportunidades que les permitan definirse a sí mismos..

—Peter Scales

• **Error 1:** *Suponer que los chicos realmente les van a transmitir la información a sus padres.* Si les entregamos folletos, no demos por sentado que llegarán a casa. Si hacemos anuncios, no presupongamos que la información llegará a los padres, o que si llega tendrá mucho que ver con lo que hemos dicho. Si los padres necesitan recibir cierta información, hagámosela llegar directamente a ellos y no a través de sus hijos.

• **Error 2:** *Presuponer que los padres son nuestros enemigos.* Los padres son, o deberían ser, nuestros mejores aliados. Mantengamos a los padres informados y felices, y nuestro grupo crecerá.

• **Error 3:** *Suponer que nuestro ministerio está dirigido solamente a los jóvenes en su adolescencia temprana.* Los padres pueden beneficiarse a través de las percepciones que nosotros les transmitimos con respecto a sus hijos. En especial cuando tenemos edad suficiente como para lograr cierta credibilidad en cuestiones de paternidad, los padres valorarán nuestras sugerencias en lo que hace a libros que pueden leer, grabaciones sobre ciertos temas que pueden comprar, o seminarios a los que vale la pena asistir.

• **Error 4:** *Suponer que los padres son incompetentes, despistados, o que tal vez no tienen nada que ver con el ministerio que nosotros desarrollamos.* Los líderes de adolescentes más jóvenes pueden dejarse atrapar por este pensamiento absurdo. Puede ser que nos hayamos encontrado con algunos padres despistados, y entonces supusiéramos que la mayoría de ellos eran así. En lugar de considerarlos de este modo, busquemos que los padres intervengan. Armemos un grupo consultivo de padres que nos brinden apoyo y nos transmitan sus puntos de vista.

• *Error 5: Presuponer que los padres son demasiado viejos como para resultar buenos ayudando voluntariamente en este ministerio a los adolescentes más jóvenes.* Algunos de los mejores voluntarios con que cuento son padres. Mayormente se muestran responsables y de confiar. Y han puesto a disposición de los adolescentes una de las cosas que más necesitan (y que más escasea en estos tiempos): un círculo de adultos maduros que incluye a otros además de sus propios padres.

Siempre estemos listos para impactar a nuestros adolescentes con ideas nuevas y creativas. Después de todo, ellos procuran permanentemente impactarnos a nosotros.

—STEVE DICKIE Y DARRELL PEARSON

¿QUIÉNES SON TUS AMIGOS?

Hablemos de límites. Decir: «Es importante que tengamos una vida para nosotros mismos» puede sonar un poco áspero, pero es un buen consejo para aquellos obreros juveniles bien intencionados que se rodean solo de adolescentes. Dicho en una forma más directa, los adolescentes no deben constituir nuestro círculo de amigos.

Algunos pocos líderes de adolescentes caen en esta trampa. Aquellos líderes veinteañeros, en especial los solteros, que verdaderamente aman a los adolescentes deben tener cuidado. La pasión por el ministerio entre los adolescentes con mucha facilidad desemboca en la formación de un círculo social sin balance.

De hecho, si reemplazamos a nuestros amigos adultos por adolescentes, nos encontraremos con un problema a resolver. Porque o bien estamos permitiendo que la admiración de nuestros adolescentes nos nuble el buen criterio, o nos estamos tomando demasiado en serio nuestro llamado, o de lo contrario necesitamos terapia.

Démonos un respiro. Y comencemos a relacionarnos con personas de nuestra edad. Dediquémonos a construir relaciones con nuestros pares. Eso mantendrá la frescura de nuestro ministerio.

Cuidemos a nuestros voluntarios

Axioma: el alimento espiritual y el cuidado que los voluntarios brindan a los chicos son un reflejo del cuidado y la alimentación que el líder les brinda a los voluntarios.

Si nuestra pasión es ver que nuestros jóvenes estén bien cuidados, atendamos bien a los voluntarios que trabajan con nosotros. Los voluntarios reflejarán en sus vidas el modelo que el líder les presente.

El recorrido del conducto

Siempre habíamos estado en el campamento en verano, época en la que es posible recorrer en vehículo el campamento de punta a punta a través del camino del bosque. El campamento de invierno, en cambio, resultó otra historia. Ese camino era imposible de transitar ya que pasaba por sobre el recorrido de ciertos conductos que se congelaban. El conductor de nuestro autobús no tenía idea de este problema estacional. Al programar la actividad de todo un día les pedimos a los chicos que se reunieran con nosotros en el autobús temprano esa mañana. A las 7 en punto solo había diez de los chicos sentados en el bus, y el conductor decidió dirigirse al otro lado del campamento a recoger a los rezagados. Condujo a lo largo del camino utilizado en el verano, ahora cerrado, que atravesaba el campamento por el medio. Llegó hasta el conducto congelado y comenzó a marchar sobre él, cuando sorpresivamente perdió toda tracción. Sin prisa pero sin pausa, el autobús, con los diez chicos y el chofer, comenzó a desandar patinando todo el recorrido del conducto marcha atrás.

—Curt Gibson.

Axioma: *los ayudantes voluntarios son las personas mejor capacitadas para reclutar nuevos voluntarios.*

Todos sabemos que es tarea del líder de jóvenes rentado difundir la idea de que el ministerio con adolescentes de 12 a 15 años es el trabajo más emocionante del mundo. Pero tiene mucho más peso cuando alguien que no recibe nada a cambio dice: «Yo elegí este ministerio, y encuentro que es divertido y lleno de satisfacciones».

Axioma: *Es necesario analizar el presupuesto que tenemos para invertir en el desarrollo de los voluntarios.*

Gastar el dinero en juegos y cosas semejantes es pensar a corto plazo. Pero lograr voluntarios bien entrenados y líderes motivados (incluidos nosotros mismos) resulta mucho más eficaz para el ministerio, ya que serán menos susceptibles al agotamiento.

101 PREGUNTAS DIFÍCILES y 101 RESPUESTAS DIRECTAS

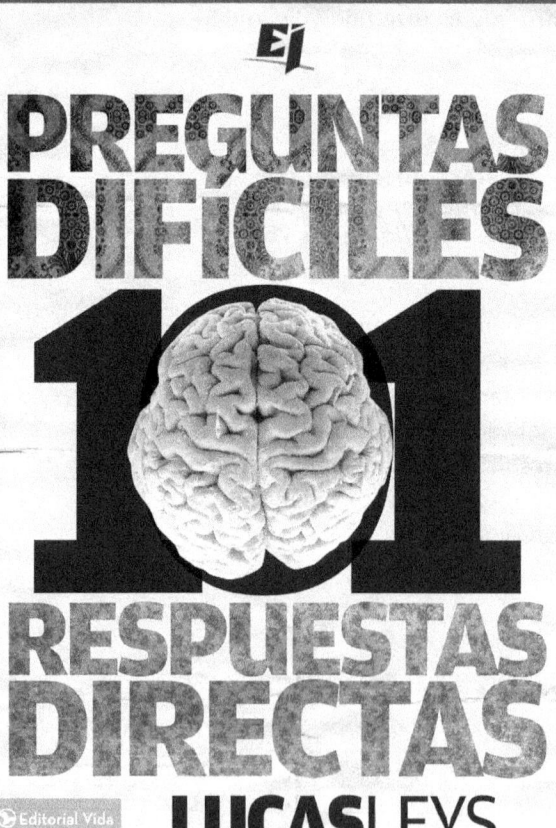

Encuentros al límite

El rockero y la modelo
QUE LLEGARON VÍRGENES AL MATRIMONIO

ROJO

CUANDO UNA NUEVA GENERACIÓN LE ADORA

Lo que (casi) nadie te dirá acerca del sexo

La perspectiva de Dios para tu sexualidad

Lo que (casi) nadie te dirá acerca del SEXO

Jim Hancock y
Kara Eckmann Powell

Editorial Vida

Cómo encontrar el amor de tu vida
Los secretos de un noviazgo exitoso

si trabajas con jóvenes nuestro deseo es ayudarte

UN MONTÓN DE RECURSOS PARA TU MINISTERIO JUVENIL

Visítanos en
www.especialidadesjuveniles.com

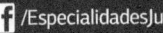 /EspecialidadesJuveniles   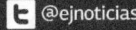 @ejnoticias

*Nos agradaría recibir noticias suyas.
Por favor, envíe sus comentarios sobre este libro a
la dirección que aparece a continuación.
Muchas gracias.*

vida@zondervan.com
www.editorialvida.com

www.ingramcontent.com/pod-product-compliance
Lightning Source LLC
LaVergne TN
LVHW051155080426
835508LV00021B/2642